Stefan Koppermann

Tila
und der Tulpenbaum

Stefan Koppermann

Tila
und der Tulpenbaum

Gedichte

Herstellung und Verlag: Books on Demand
GmbH, Norderstedt
ISBN 3-8334-4208-5

Umschlagentwurf: Stefan Koppermann
www.stefankoppermann.de

TILA

Tila, ein wahres Blumenmädchen.
Im Garten der Tulpenbaum
Blühte rot hinein ins Städtchen.
Tila war achtzehn Jahre kaum.

Tila und der Tulpenbaum.
Lava kochte einst ins Meer
Schwarz auf im Wellenschaum.
Den Tulpenbaum, den liebte sie so sehr.

Tila mich um Feuer bat
An der Uferpromenade.
Sie frug mich nicht, was ich so tat.
Ich kaufte Limonade.

Tila und der Kakadoo.
Er ihr auf der jungen Schulter saß.
Verliebt war ich im Nu.
Der Kakadoo die Krümel fraß.

HORNISSE

Es scheppert, es klappert, es klirrt.
Huch, was soll das bedeuten?
Was in dem Sinn mir schwirrt,
Das möcht` ich sagen euch Leuten:

Wenn der Sand ist im Getriebe,
Und die Kiste bleibt einfach steh`n,
Dann kriegt Alfredo wieder Hiebe,
Und muß alleine geh`n.

Ich sag`s nicht zum Spaß.
Alfredo ist bitterböse.
Seine Hilde verliert oft das Maß,
Und zerrt ihn durch die Öse.

Ihre Liebe bekam Risse.
In der Mitte, überall.
Er sagte: Du Hornisse!
Deine Liebe ist fatal.

OHNE TITEL

Oh, diese Fischköpfe
Mit glasigen Augen.
Nicht für zwei Blumentöpfe
Sie etwas taugen.

Tagein, tagaus
Sie maulen und murren
Links, rechts, grad`aus
Sie bös` vor sich hin knurren.

Ärger, Häme und Streit
Ist in ihren Gedanken.
Sie sind dazu bereit
Sich um jeden zu ranken.

Doch schlimmer noch an ihnen ist,
Daß sie vom Kopf her stinken,
Daß so manch einer vergißt.
In Bosheit kann man versinken.

RÄTSEL

Fünf Kolibris
Um einen Flamboyant
Kamen aus `nem Verlies
Aus einer magischen Liäson.

Fünf Kolibris
Um jede Menge roter Blüten.
Da denken wir an "Peace"
An Kinder mit Wundertüten.

Fünf Kolibris
Und auf dem Meer die heißen Winde.
Runen auf altem Fries.
Runen auch auf alter Linde.

LIEBESTOD

Worin lag das Zerwürfnis?
Das fragte ich Luise.
Sie sagte: Es liegt am Bedürfnis
Und nicht an der Krise.

Das Bedürfnis nach mehr.
Nach noch tolleren Liebesdingen.
Nach Liebe-unendlich wie das Meer.
Nach Liebe-auf magischen Schwingen.

Zerwürfnis und Krise
Brachten den Liebestod.
Liebestod, den haßte Luise.
Luise sah dann eigentlich: Rot.

Sie wollte nicht loslassen.
Doch der Tod, der gähnte.
Sie konnte es nicht fassen,
Daß er gerade sie erwähnte.

YDUA

Du übst doch nur
Wie beim Bogenschießen
Sagte Ydua in einer Tour.
Du willst nur geniessen!

Jose´ sang nebenan schöne Lieder
Zur Gitarre.
Hin und wieder
Rauchte er auch Zigarre.

Der Tropensturm hatte alles im Griff,
Und auch Ydua war schon blau.
Haie schwammen tief um`s Riff.
Irgendeiner rief: Mau Mau.

Sie zerschmiß die Wiskeyflasche.
Die Nachbarn standen auf `m Flur.
Ich packte meine Reisetasche.
Ydua schaute auf die Uhr.

ANNÄHERUNG

In meinem chaotischen Herzen
Lodern Flammen, züngeln Feuer.
Bis auf die süßen Schmerzen
Ein Spektakel - ungeheuer.

Wilde Wasser stürzen sich runter.
Trommeln auf Felsen, zersprengen Gestein.
Meine Ordnung liegt darunter.
Wann wird das zu Ende sein?

Bedingungslose Kapitulation.
Ein falscher Schritt - daneben.
Es zündet sich die Explosion.
Wer wird überleben?

Ein Scharmützel, ein kleiner Krieg.
Hämisch grinsen die Toten.
Eine Niederlage, ein Sieg.
Zu Ende gespielt sind die Zoten.

LIEBESLATEIN I

Du willst Dich einnisten
In irgendein fremdes Herz,
Wie eine listige Schlange?
Und dann willst du über Pisten
Hinaus nur so zum Scherz.
O, weh, da wird mir bange.

JUSTINE
(für Marquis de Sade)

Sardellen auf Pizza,
Aprikosen in der Hand.
Justine lief nach Nizza.
Justine im Nachtgewand.

Gurren, mautzen, ondulieren.
Herz vom Stahl zerstochen.
Mush-Mush in die Stadt regieren.
Mush-Mush in der Stadt gebrochen.

Justine die schroffe Wunde.
Das off`ne Schneeverwehen.
Sie ging von Mund zu Munde.
Justine, dich will ich wiederseh`n.

BLAUER MOND
(für Fjodor Dostojewski)

Acht Jahre lag
Der Stahl
In der Glut.
Sie schwärmte von dem Tag.
Er dachte an die Qual.
An ihren Übermut.

Alter Herr grüßte
Junge Maid
Ganz unverschont.
Was es ihm versüßte
War die Zeit
Die Zeit im blauen Mond.

PRINZ DÄUMLING
(für die Gebrüder Grimm)

An ihrer Lust verbissen.
Geradewegs als Knochennager.
S'Bärli ganz verschlissen.
Ihre Blicke, Worte mager.

Mimosen kräftig schleimen.
Sermon in den Honigmond.
Mich rühren Tränen zum Reimen.
Hab'in Ruinen auch gewohnt.

Sklaventanz, die Ketten.
Im Schnee die Wölfe jagen.
Ihre Lust auf Eisenbetten
Ihre Lust auf Liebesfragen.

Zimtasche, Purpurregen.
Zahnfleischrosarot.
Prinz Däumling mit 'nem Degen.
Prinz Däumling mausetot.

NACHMITTAG IM CAFE´

Sie waren so distinguiert.
Die feinen Damen und der Herr.
Ihr Hund auf's Wort genau pariert.
Auf der Straße - kaum Verkehr.

Der Kellner sich die Lippen leckt.
Die Damen schauen ihm auf die Hosen.
Sein Lächeln bleibt nicht unentdeckt.
Ein Fremder kommt mit Rosen.

Weiter hinten eine ganze Clique
Buhlt um die Beachtung.
Vor allem ist`s die laute Zicke
Die leidet an Umnachtung.

Süß ist dem der Friede,
Der jenseits des Verlangens.
Bin auf einmal so müde
Ob des Schauens, ob des Prangens.

WOWA UND RUKIYE

Großvater war Herzensmann.
Nahm die Kinder mit zum Angeln.
Er nicht fragte, er nicht sann.
Ließ die Kinder rangeln.

FRITZ GEFROREN

Cäcilia brennt.
Fritz ist gefroren.
Wer das erkennt,
Ist nie verloren.

STERNCHEN

Aus dem Weltennebel sprühn
Gebinde ohnegleichen
Gebinde so vorüberziehn
Gebinde voller Zeichen.

Zahlen, Noten, Worte
Bisher noch uncodiert
Fließen von Ort zu Orte
Fließen unkontrolliert.

Am Postamt stand sie ganz leger.
Am Postamt vor mir am Schalter
Stand sie: Ein Sternchen und nicht mehr!!
Ein Sternchen ohne Büstenhalter.

Sie ging um die Ecke, saß in der Bahn.
Vorbei der Weltennebel.
Alles, alles war nun vertan.
Ich zog am Notaushebel.

WICHTIG

Letzten Endes bleibt sich Jeder
Selbst überlassen.
So läuft`s mir aus der Feder.
So kannst Du es erfassen.

Ich war Teufel, ich war Gott.
Ich war Gequälter, ich war Quäler.
Ich stand schon vor`m Schafott.
Ich bin vor allem Geschichtenerzähler.

Was mir wichtig erscheint,
Ist bei weitem nicht wichtig.
Wenn da draußen einer weint
Und Du ihn tröstest: Das ist richtig.

Ich war Teufel, ich war Gott.
Ich war Gequälter, ich war Quäler.
Neben mir der schlichte Kaffeepott.
Neben mir der Drehstromzähler.

IMKER

Das Brillenglas verstaubt.
Die Hände knöcherig.
Der Leidenschaft beraubt.
Was übrig blieb, war löcherig.

Ich seh` ihn in der Dunkelheit
An den Brutkästen stehn.
Noch ist es Winterzeit.
Noch sibirische Winde wehn.

Doch seh` ich im matten Kerzenschein
Seine Sehnsucht nach der Königin,
Die noch in den Waben, verborgen im Schrein
Dämmert, und dämmert vor sich hin.

Doch schon bald wird sie schlüpfen.
Und ein neues Volk regieren.
Der Imker fängt an zu hüpfen.
Er möchte ihr gratulieren.

ABENDROT

Die Gedanken kommen nicht zur Ruhe.
Und doch liegen sie auf der faulen Haut,
Wie um eine eherne Schatztruhe
Wuchert das Gedankenkraut.

Hier die Heilung, da das Gift.
Hier die Freiheit, da die Zwänge.
Ich greife impulsiv zum Stift.
Still, es tönen Sphärenklänge.

Kadaver, überall Kadaver.
Ein Festschmaus für Hyänen.
Ich sag` noch so zum Palaver:
Gespür, das sollt` ich erwähnen.

Ist doch schon tot!
Auch, was noch lebt,
Zum Tod hinstrebt
Das Abendrot.

LEDA UND DER SCHWAN
(geschrieben im Frühjahr 1984)

Hinter dem Gemäuer warten
Träume alter Tage schwer,
Wie in einem großen Garten
Auf die Glut, das Lichtermeer.

Träumend lag die Jungfrau.
Der Schwan aus dem Gras sich hebt.
Irgendwie erregend diese Schau.
Die Jungfrau sich im Schlafe dreht.

Es träumte der Schönen
Ein Blick vom wilden Tier.
Sie wollte es verwöhnen.
Entfacht war ihr Plaisir.

Das Gewölbe brach entzwei.
Da stand der Schwan schon prunken.
In Düfte süß und frei
War sein Haupt gesunken.

Jetzt die Panther hart
Die Jungfrau umlauern.
Liebe kam ungestüm in Fahrt.
Die Sehnsucht zu ummauern.

DORNRÖSCHEN
ODER EIN JULIABEND IN SORRENT
(geschrieben Juli 1984)

Du, wunderliche Blume
Reich an zartem Duft.
Hinabgebeugt am Stabe
Erblickt der Wanderer die Gruft.
Es bröckelt leicht die Krume.
Ein Jauchzen entreißt seiner Brust:
Wann erwachst Du aus dem Grabe?
Zu wildem Tanz, zur Lust.

KUNTERBUNT

In meinem Kopf die Flausen
Rund und rund und rund.
Sie darin herumsausen.
Und das, ohne jeden Grund.

Die Flausen, sie so tickern.
Ohne Richtung, ohne Ziel,
Wie die Murmeln klickern
Beim alten Kinderspiel.

Ein Fluß, der fließt in Schleifen.
Ein Pfeil, der fliegt geradeaus.
Was nur können wir begreifen?
Wenn das Herz pumpt mit "Gebraus`".

In meinem Kopf die Flausen
Rund und rund und rund.
Grillen darin hausen.
Ein Orchester kunterbunt.

FORTUNA I

In den Sack gesteckt.
Zugeschnürt und abgepackt.
Jetzo geht`s Dir an den Kragen!
Das Liebesfeuer leckt.
Brennt auf deiner Haut, so nackt.
Nichts drängt, auch keine Fragen.

Du leckst deine Wunden,
Wie eine Katze ihre Pfoten,
Und begreifst nicht, was geschah.
Du willst mich erkunden,
Wie der Pianist die Noten.
Kein Entrinnen, o Fortuna!

GRÄTE

In hundert Jahren
Denkt niemand mehr
An meine Tränen.
Die, die so heftig waren
Wie das offne Meer.
Ich wollt` es nur erwähnen.

In hundert Jahren
Sind all` die Blumen verblüht.
Verblüht auch die Mädchengesichter.
All` die Liebe zerfahren.
Wilde Leidenschaft verglüht.
Das, besing` ich Dichter.

In hundert Jahren
Oder laß es auch nur zwanzig sein.
Platzen auf die heißen Nähte.
Ich möcht` mir das ersparen,
Und doch werd` ich dem Stich verzeihn.
Tief ins Herz mit der Gräte.

TILA II

Tila konnt` lachen.
Tila hatte Sinn für`s Leben.
Sie konnt` mein Feuer entfachen.
Mit ihr wollt` ich entschweben.

Die Sonne stand hoch über den Gummibäumen.
Im Horizont glühte weiß der Ozean.
Das war die Zeit zum Träumen.
Das war die Zeit für den Liebesspan.

Ich wollt`eigentlich nur warten,
Bis die Sonne endlich verglühte,
Bis es gab neue Spielkarten.
Doch wofür ich mich denn bemühte?

Tila konnt` lachen.
Tila hatte Sinn für`s Leben.
Sie konnte heiße Sachen machen
Und sich auf`s Eis begeben.

WER SIND DIE?

Letztens mußt` ich grübeln,
Und ich sag` Ihnen was:
Nicht, daß Sie mir es verübeln,
Aber es machte mir Spaß!

Wo kann es so was geben?
Werden Sie raunen.
Das Einer steht im Leben,
Und denkt mit Erstaunen.

Am schlimmsten ist`s, wenn ich grübel.
So höre ich es allerorte:
Der Teufel hol` mich, das Übel
Pocht an jeder Himmelspforte.

Letztens mußt` ich grübeln,
Und ich sag Ihnen was:
Die Sache mit den Übeln
Ist eine Sache vom rechten Maß.

RADIESCHEN VON UNTEN

Du willst mich totmachen,
Denn meine Liebe dich nicht läßt.
Das ist zum Totlachen.
Meine Liebe ein Schlangennest?

Du willst immer entscheiden,
Ob hü oder hott.
Mich läßt du gerne leiden.
Mein Lohn ist dein Spott.

Du willst nicht begreifen,
Daß mein Herz schlägt und schlägt.
Selbst dein wildes Keifen
Mich nicht weiter bewegt.

Du willst mich totmachen,
Denn meine Liebe dich nicht läßt.
Das sind eben solche Sachen
An die glaubst du fest!

AUF DER MEILE

Du willst nur noch Spaß!
Und keine Langeweile?
Verloren, verloren das Maß,
Sag` ich: Zeile für Zeile.

Du mit deinem "Gemautze".
Du mit deinem Krakeel.
Mit deiner frechen Schnauze.
Mit deinem Tadel, deinem Fehl.

Lehrst du mich begreifen
Wem Unbill widerfährt,
Wen du willst einschleifen,
Der nicht mehr wiederkehrt.

Du willst nur noch Spaß,
Und keine Langeweile!
Irgendwann beiß` ich ins Gras.
Und du flankierst auf der Meile!

LAURA UND ISABELL

Du willst nur noch Luxus
Und göttliches Amüsieren.
Für dich den vollen Genuss.
Für dich die Leute applaudieren.

Dich soll ich verwöhnen
Mit Zaubereien und Tand.
Für dich soll ich löhnen
Bis an des Lebens Rand?

Du glaubst fest an deine Aura.
Du glaubst fest an deinen Wert.
Doch ich denk` längst an Laura.
Sie ist mein Steckenpferd.

Du willst nur noch Luxus,
Und göttliches Amüsieren.
Daß sie mir gab einen Kuß
Läßt dein Lächeln bald gefrieren!

SCHACHMATT

Den König herauszerren.
Die Dame erlegen.
So denkt jeder an Schachmatt.
Dem Läufer die Piste versperren.
Hinterlist und Argwohn hegen,
Bis endlich der Gegner ist platt.

Doch, was kommt nach dem Spiel?
Wenn einer gewinnt,
Und der andere verliert.
Auch, wenn es ist kein Ziel.
Die Siegesfreude zerinnt.
Ein Schachmatt ist leicht passiert.

Du wolltest Königin sein,
Und regieren voll Anmut.
Einen König aber, den wolltest du nicht.
Doch du verlorst den Sonnenschein,
Den Abendmond, die Sternenglut.
Selbst eine Königin zerbricht.

FINDE ES HERAUS!

Was ist besser?
Ein kaltes oder ein heißes Herz,
Und was ist der Gradmesser
Für den so entstand`nen Schmerz?

Finde es heraus!
Heißt es da ganz lakonisch.
Wir sprechen nicht vom Graus.
Das wäre sicher zu drakonisch.

Was ist besser?
Ein kaltes oder ein heißes Herz,
Ein Süßholzfresser,
Oder einer, der frißt Erz?

SOMMERNACHT

Ein Delta, ein Fluß im Sumpf.
Tausend glühende Funken
Auf der Oberfläche saßen.
Die Lippen, Brüste entlang dem Rumpf
Bin ich schier hingesunken.
Die Zeit wir schlicht vergaßen.

UNKENPFUHL

Es muß prickeln,
In deinem Leben.
Sagte die Alte im Rollstuhl.
Und sich was entwickeln
Und sich was ergeben.
In dem Unkenpfuhl.

AUF GEDEIH UND VERDERB

Um die Liebe, um das Leben
Ist so mancher betrogen
So mancher kam in die Streben.
So mancher wurd` stets belogen.

Auf Gedeih und Verderb
Fallen die Würfel im Becher.
Das ist ganz schön herb.
So herb, wie ein Eisbrecher.

Doch die Natur irrt nie!
Auch in der Steppe wird gejagt.
Dort heißt es: Lauf und flieh,
Versteck` dich mit deiner Magd.

Um die Liebe, um das Leben
Ist so mancher betrogen.
Welche Netze wir auch weben,
Leer bleiben sie-ungelogen.

TRAUMFALLE

Ich wollt` noch soviel schauen
Nach all` den schönen Faltern.
Niemand konnt` das Herz mir klauen
Dachte ich, und begann zu altern.

In eine Traumfalle ich trat.
In einer Machenschaft verstrickt.
Ich dich um Freiheit bat,
Dafür wurd` ich angezickt.

Flieg, Vöglein, flieg davon!
Die Käfigtür steht offen,
Sagtest du im Flüsterton.
Sagtest du, ich war betroffen.

Ich wollt` noch soviel schauen
Nach all` den schönen Faltern.
Wollte rumspringen mit den Frauen.
Ihnen saugen in den Büstenhaltern.

IM MAI

Eine Weile lief ich im Regen.
Eine Weile blieb ich stehen.
Es kam mir ganz gelegen
Dem Regen zuzusehen.

Kastanien ragten hoch ins Blau.
Ein Kondensstreifen darüber.
Ging es diesmal um eine Frau,
Die machte mir den Sinn trüber?

Eine Weile lief ich im Regen.
Eine Weile blieb ich stehen.
Mir war`s nicht nach Bewegen,
Denn Gewitter so vorübergehn.

IM ELFENMEER

Im Elfenmeer
Dümpeln leicht Seerosen.
Alles, alles erliegt dem Flair
Von Sumpflilien und Mimosen.

Im Elfenmeer
Musizieren Heidmücken.
Dort herrscht schon viel Verkehr,
Denn sie, die Elfen uns verzücken.

Im Elfenmeer
Tanzen sie munter im weißen Nebel.
Zur Liebe, zur Einkehr.
Die kleinen Elfen sind mein Faible.

GRIMM

Dunkles Sommergewitter
Über der naßen Erde breit.
Mir ist's recht bitter.
Ich und mein Herzeleid.

Dunst liegt über den Auen
Und Donner rollen heran.
Ewig zieht's mich zu Frauen.
So man es lesen kann.

Wieder zucken Blitze
Und lassen alles hell ergleißen.
Du, und diese Sommerhitze
Mir den Sinn zerbeißen.

Doch dann ist alles schon vorbei.
Vögel erheben ihr Lobgestimm.
Mir wird es munter und frei.
Die Sonn' vertreibt den Grimm.

STURZBACH

Schau her, du!
Da fließt dir schon
Leichengift im Blut,
Und so wird im Nu
Dir zum bitt`ren Hohn
Platzen: Dein Übermut!

Schau her, du!
Der Schmerz kommt
Über dich in einer Lawine.
Und der ganze Schmu,
Der dich so anfrommt,
Glotzt dich an mit Todesmiene.

Schau her, du!
Auf den Trümmerhaufen.
Auf das ganze Weh und Ach,
Daß dir wird rauben die Ruh`.
Mit nichts kannst du dich freikaufen.
Mitreißen wird dich der Sturzbach.

DICHTER UND HENKER

Wie mir das so erging
Von deiner Liebe ganz beschmiert.
Ich auf der Parkbank hing.
Dein Blick an mir giert.

Du nestelst an deinem Höschen.
Den Täter hast du nochmals observiert.
Ruhe fordert nun das Rös`chen,
Denn das Zepter hat regiert.

Ruhe, ja Ruhe willst du nun haben,
Denn so schäumt das Blut.
War es schön, so schön zu laben,
Zu naschen an der Glut?

Nein, nein, kein Genuss darf es sein
An deiner Frucht zu essen.
Bitter soll ich zahlen, o fein!
Du willst mich henken, fressen.

SCHNAKE

Bist du verrückt?
Fragte ich sie empört.
Du hast mich fast erdrückt!
Sie schaute bloß verstört.

Die Schnake war platt,
Und zuckte mit den Beinen.
Ich hätte nun glatt
Gedacht, daß wir uns vereinen?

Wenn lieben, dann richtig.
Keine halben Sachen.
Versöhnung ist wichtig.
Und das heißt: Lachen.

Bist du verrückt?
Fragte ich sie empört.
Sie schaute ganz beglückt.
So? Hab` ich dich gestört?

OBSESSION

So, wie die Spinne spinnt,
Spinn` ich die Gedanken.
Die Zeit, die rinnt.
Die Blumen ranken.
Die Mädchen träumen,
Auch auf rohen Planken.
Auf den weißen Schäumen
Sie hin und her wanken.

BEKENNTNIS

Im Labyrinth
Der Tugend
Verlaufen.
Den Frauen, dem Saufen
Gab ich meine Jugend.
Nun sagen sie: Der spinnt!

TÜ-TÜ

Was heißt das überhaupt?
Man frage das Lexikon.
Ist das denn erlaubt?
Ich nicht grübelte, ich sponn.

Sie wippte lieblich auf dem Stuhl,
Und schmiß ihre Haare in den Nacken.
Das war schon recht cool.
Ich sah nur ihre Pobacken.

Ist es das, was Sie meinen?
Fragte sie konsterniert.
So wollen wir uns vereinen,
Bevor das Flämmchen gefriert.

FEUER UND STERNE

Habe das Feuer brennen sehen,
Wie die Flammen züngelten, leckten
Hoch und dann wieder zerstoben.
Habe es in ihren Augen gesehen:
Dieses Flehen, wie sie neckten
Mich an die Sterne zu loben.

Dieser Wille nach mehr:
Nach höheren, schöneren Dingen.
Nach Ewigkeiten
Brennt so sehr
Und, wie wir auch ringen:
Es brennt, brennt zu allen Zeiten.

IN DEN WICKEN

In den Wicken
Lag ich unlängst breit.
Hatte das Gefühl zu ersticken,
Gepaart mit Übelkeit.

Sie bringen es dir bei:
Arbeiten-konsumieren,
Aufstellen in die Reih`
Und du willst revoltieren?

In den Wicken
Lag ich unlängst toll.
Du wolltest nur Rosinen picken.
Darum der Kamm mir schwoll.

Sie bringen es dir bei:
Arbeiten-konsumieren.
Das ist die Tyrannei.
Und du willst rebellieren?

NACHTFALKE

Unter Turmes Balken
Im Mondseeland
Der Schrei des Falken
Hin zur Nacht gewandt.

Wie ein Messer durch Papier,
So schärft er seinen Sinn
Nach dem schönen Plaisir.
Sie ist der Hauptgewinn.

Im nächt`gen Holundergeäst
Verwoben ihr rotes Haar.
Vom Schloß her weht ein Fest.
Sie ruft: Falke, du bist mir Gefahr!

Unter Turmes Balken
Im Mondseeland
Dort jagen die Falken.
Sie hat sich verrannt.

PINK!

Was ist eigentlich pink,
Außer deinen Fingernägeln?
Von drüben kommt ein Wink:
Halt dich ja an die Spielregeln.

Pink sind zum Beispiel: Schweineohren
Oder auch Plüschteddybären.
Was hast du mir nur geschworen!
Geschworen Liebe zu gewähren.

Pink gerad` sind deine wilden Gelüste
In deinem babyblauen Firmament.
Du denkst, du schwärmst: Ich müsste
Frei schweben über`m pinkfarb`nen Zement.

Was ist eigentlich pink,
Außer deinen vollen Lippen?
Silber nur glänzt der Zink.
Gülden aber scheinen deine Klippen.

WUST

Kaputt, zerstoben, ausgelaugt.
In dem Wust verfangen.
Der Egel hat sich festgesaugt.
Die goldnen Sternlein prangen.

Ich trink` im Stift `ne Cola.
Ich trink` im Stift ein Bier.
Malee bemerkt zu Lola:
Was soll das Ganze hier ?

Das Rätsel ist noch ungelöst.
Die Frage steht noch offen.
Was uns von dieser Welt abstößt
Macht uns zugleich betroffen.

Kaputt, zerstoben, ausgelaugt.
In dem Wust verfangen.
Ich frage mich, ob es denn gar nichts taugt
Eine klare Antwort zu erlangen.

IM SCHATTEN

Der Wille ist Motor.
Die Sehnsucht der Treibstoff.
Die Reise zu ihrem Flor
Endet auf Straßen so schroff.

Im Schoß der Begierde.
In der Vulkanenschlucht
War mein Umtrieb nur Zierde.
Mein Verlangen nur Flucht.

Was kann Dir eine Wölfin geben,
Wenn Du nach Höherem strebst ?
Sie verdammt zu leben
Im Schatten, den Du für sie webst.

DANEBEN

M. fischte im Trüben,
Doch ihm fehlte die Einsicht.
Er träumte vom Leben im Süden,
Und von Liebe, die nicht zerbricht.

Komm ich je auf meine Kosten ?
Das fragt sich ein Jeder.
Pöstchen, Posten.
Hier ziehen wir vom Leder.

M. gegen den Strom ruderte.
Andere taten das auch.
Seine Frau sich puderte.
Wo Feuer ist, da ist auch Rauch.

Komm ich je auf meine Kosten ?
Den Sieg woll`n wir erstreben.
Der Schuß an den Pfosten
Ist halt auch daneben.

GEWOLLT UNGEWOLLTES

Dieses Bangen
Und Zittern.
Vor Verlangen
Zersplittern.

Herzfeuer verbrannt.
Lichterloh.
Mörder verkannt.
Sowieso.

Der Wölfin verfallen.
Gnadenlos.
Zerfetzt von ihren Krallen.
Bedeckt von ihrem Schoß.

ZWISCHENLANDUNG IN BUMBA

Raddampfer schaufelt
Den Kongo hinauf.
Zwischen Motorenstößen
Stöhnt irgendeine Braut.

Schweiß in Mengen träufelt
Entlang am Uferlauf.
Bäume in allen Größen.
Der Himmel so blaut.

Am Kai ein Butler im Wrack
Serviert der Gesellschaft Tee.
Rum, mehr Rum, ruft das Pack.
Eine Dame hat schon Kopfweh.

Der Krokodile Augen
Rot leuchten bei Nacht.
Blut die Mücken saugen.
Saugen, daß es nur so kracht!

KINGA

Kinga und das Nebelmeer.
So verwunschen die kleine Fee.
Ihre Träume und der Teddybär.
Ihre Träume im Sommerklee.

Männer, ob jung, ob alt.
In ihrer Welt Passanten.
Tropfen um den Muschelspalt.
Geier ihre Flügel spannten.

In der Arena roch es herb.
Nach Angst und Schweiß.
Die Witze der Männer - derb.
Kingas Wünsche waren heiß.

Kinga und das Nebelmeer.
Ihre Welt bunt vor Farben.
Kinga - in den Köpfen eine Mär.
Ihre Liebe, ihre Lüste, ihre Narben.

GEFLECHT

Madeleine trug die Haare lose.
Sie rief mich letztens an.
Erzählte ihr was von 'ner Rose,
Und daß ich wieder laufen kann.

R. sehnt sich nach dem goldenen Dreieck.
Und Elefantenspuren im Gras.
Hörte etwas von einem Turbinencheck,
Von Turbulenzen, was ich völlig vergaß.

R. sagt: Die kommen noch alle in die Suppe.
Das ist in Ordnung, da geb' ich ihm recht.
Besser allein, als irgendsoeine Puppe.
Wir kommen schon durch, durch das Geflecht.

VIOLA

Ivanas Lippen so weich,
Wie sie mir die Finger lutschte.
Sie sprach 'was vom wilden Scheich.
Dabei sie von dem Sofa rutschte.

Viola auf meinem Schreibtisch strippte.
P. verschluckte sich am Bier.
Er so einige Wetten tippte.
Violas Hinterteil war sein Plaisir.

M. kehrte den Philosophen raus.
Auf's Begehrtwerden kommt es an.
Trotzdem fand er Viola 'ne süße Maus.
Daß er sie begehrte, stand hinten an.

Viola wirbelte, Viola zuckte.
Der halbe Kasten war schon leer.
P. amüsiert sich duckte,
Als schösse sie mit 'nem Gewehr.

HYÄNE

Du kommst da her mit neuen Schuh`n
Hui, und ich soll applaudieren.
Ach könnt` ich doch endlich mal ruh`n,
Und müsst` nicht ständig exerzieren.

Du kommst da her mit Eintrittskarten
Und ich soll Fliege tragen.
Ach, ich kann es kaum erwarten
Ne Andere mal zu fragen.

Du kommst daher und hast Migräne
Und ich soll mich bloß nicht bemühen.
Die Leute nennen dich: Hyäne
Und ich spreche mit den Kühen.

Du kommst daher und bist betroffen.
Doch ich, ich bin längst ausgeflogen.
Ich hab`das ganze Geld versoffen,
Und leb` jetzt frei und unbetrogen.

HALLOWEEN

P. hatte reichlich zu motzen.
Zwei Frauen aufgeschreckt entflohen.
Er sprach immerzu vom ranklotzen,
Und daß die Sitten völlig verrohen.

Nachts waren wir in der Schreckenskammer,
Und hatten Durst ohne Ende.
Es blieb irgendwie bei dem Gejammer.
Selbst Viola brachte nicht die Wende.

Viola fummelte an ihrem Oberteil,
Und griff mir unbemerkt an die Schenkel.
P. träumte vom Silberpfeil,
Vom triangle d´or, von Mao`s Enkel.

Mittags verteilte man Schokolade.
Ein Rentner beschwerte sich bei mir.
P. sei zu dumm gerade.
Die Alte mache die ganze Arbeit hier.

PFIRSICHBLÜTE

Ruderer am Strom so rudert.
Enten aufgeschreckt entfliehen.
Dame sich die Nase pudert.
Kinder ihre Hunde ziehen.

Ambulanzen eilen auf den Brücken.
Bäume haltlos dümpeln im Fluß.
Alter stelzt auf Krücken.
So, wie meine Liebe scheiden muß.

Im kalten Keller, unten tief.
Da liegen Deine Liebhaberleichen,
Verrotten in ihrem Leichenmief.
Und werden nicht von Dir weichen.

Oh, Du meine Pfirsichblüte
Lachst und strahlst so frei.
Bist so heiter von Gemüte.
Als wär` Dir alles einerlei.

SCHLAFLOS IN OBERHAUSEN

An Dir hab`ich mich entzündet,
Wie das Streichholz das Papier.
Feuer in Zerstörung mündet.
Elendig verreck` ich hier.

Im Stahlwerk wird gekocht.
Wind verfängt sich in der Gardine.
Mein Herz zum Hals mir pocht.
Pocht in meiner Pulvermine.

Hör´laut das Hämmern.
Das Knacken von Eisschollen.
Seh` das frühe Dämmern.
Über der Stadt Gewitter rollen.

An Dir klebt meine Sehnsucht.
Meine Sorge ist Dein Belieben.
Dort unten in Deiner Vulkanenschlucht.
Dort unten wird es geschrieben.

IN DEN NETZEN

Ein blumiges Mädchen
Stand mir vor`m Gesicht.
Das war mitten im Städtchen.
Ein Problem gab es nicht.

Wie sollt` ich mich bemühen ?
Oder sollt` ich nur hinschau`n.
Einfach zuschauen, wie sie verblüh`n.
Es gab sie nicht. Die Art Frauen.

Diese Art von Frauen,
Die einbrennen, wie Eisen,
Die Männer umhauen,
Die waren auf Reisen.

Auf einer Reise zwischen
Hier und dem Entsetzen,
Wollten sie das auffischen,
Was übrig blieb in den Netzen.

ZEITENWENDE

Von Sehnsucht zerrissen.
Verloren im Dunkeln.
Von Verachtung zerschlissen.
Da draußen: Die Sterne funkeln.

Grausam ihre Träume
Zerstümmelt, gestutzt.
Aufgeplatzt die Schäume.
Was schauten sie verdutzt.

Den Whiskey trank er.
Sie lag nur so da.
Da draußen: Feierabendverkehr.
Sagte sie: Oh, mein Spinoza.

Vor dem Anfang kommt das Ende.
Ach, wenn es doch so wär`.
So käm` die Zeitenwende.
Entschlüsselt wär` die Mär.

OHNE TITEL

Wir leben, wie wir träumen - allein:
Sagte K. und spuckte in den Graben.
Der Wunsch nach mehr, mehr gebiert die Pein.
Im Augenblick wir uns daran laben.

Als ich dort unten lag im Dreck,
Zog sie den Baldachin in einem zu.
Und sagte: Schön, zu diesem Versteck.
Wir liebten uns im Nu.

Wir müssen all` die Frauen
In ihrer Welt belassen.
Sonst werden sie uns noch mal versauen,
Und am Ende gar hassen.

Doch warum sollt` ich mich bemüh`n.
Irgendetwas zu verbinden,
Wenn sie ohnehin verglüh`n,
Wenn sie ohnehin sich winden.

HERZSTÜCK

Sieh genau hin, genauer.
Siehst Du, wie sie abbrüh`n.
Wie sie einliegen in Sauer.
Wie sie sich abmüh`n.

Sieh unter ihre Haut,
Wie dort der Tod schon gähnt.
Hörst Du, sie werden laut.
Weil es schmerzt, ich hab`s erwähnt.

Hier ist Licht, da der Schatten.
Alles für`s Auge gemacht.
Jetzt springen schon die Ratten,
Springen in düst`re Nacht.

Doch du bist mein Joker
Beim Spiel um das Glück.
Der Royal Flash beim Poker.
Das fehlende Herzstück.

SCHWEIß

Das Mädchen aus Bumba
Ist wirklich sehr heiß.
Sie tanzt gerne Rumba
Und mir läuft der Schweiß.

SOKAPOK

Monsun kam hoch aus Sumatra.
Schwefel im Zündholz völlig naß.
Und in mir wickelte sich die Kobra.
Mein Hochmut machte ihr Spaß.

Überall lauerten Herde
Aus Siff und abgestandenem Blut.
Stirnlappen flossen zur Erde.
In Fruchtwasser kochte die Glut.

Laor riß mir das Hemd vom Leib.
Schrie irgendetwas von Wiedersehen.
Hatte Hummeln im Arsch, das Weib.
Was konnte ich, was sollte ich verstehen?

Im Nu verweste, im Nu entstand.
Vom Rausch noch pelzig die Zunge.
Sonne feuerte über das Land.
Sokapok, Dreck Mensch, Junge.

FORTUNA II

Natalie hinter'm Rad
Lechzte nach dem Sofahelden.
Sie machte so manchen Spagat.
Und lässt jetzt Backbord melden.

Natalie hinter`m Rad
Schlug so manche Kapriolen.
Sie lenkte die Liebe, wie der Maat.
Lenkte sie, wie befohlen.

Natalie hinter`m Rad
Ihre Weibesreife fühlte.
Doch sie fand`s nicht schad`,
Daß Gregor nun abspülte.

Natalie hinter`m Rad
Wollte alles auf diesem Schiff.
Langeweile fand sie fad.
Drum setzte sie den Kahn auf`s Riff.

UNENTBEHRLICH

Fahrwerk klappt ein.
Vorschub presst in die Sitze.
Draußen rumort Hitze.
Muß mir Feuerzeug leihen.

Endlose Weiten, Prärie
Wolkenfelder beschwerlich.
Grüne Auen, Seen, Wälder
Zieh`n an mir vorbei.

Alles, alles irgendwie
Einfach unentbehrlich.
Drücke den Feuermelder
Jetzt und hier die Narretei.

Wüste in der Fülle
Der Regale, Märkte, Messen.
Menschen rundum bunt
Zu einem Grau zerfließen.

Auf, auf kippt die Gülle
Egal in wen, in wessen
Edlen Schlund.
Wir woll`n es geniessen.

GROSSE ZEITEN

Zuckerbrot macht gefügsam.
Die Peitsche gibt den Rest.
Wir werden allmählich genügsam
Von Liebe, Lust und Schützenfest.

Die Dichter schenken uns müden Reim.
Sie sind schon lang nicht mehr famos.
Sie gehen, wie die Fliege auf den Leim,
Auf den Leim der Zeit. Das ist ihr Los.

Ich denk` noch an die großen Zeiten
Der Kantaten und Gesänge.
Spielmannszüge vorüberschreiten.
Eine Frau flieht im Gedränge.

Eine Frau, wo flieht sie denn nur hin?
Ich muß sie rasch ergreifen.
Das steht mir im Sinn:
Dich in meine Höhle schleifen.

SOMMERGEWITTER

Donnerschlag und Blitze
Über der Trauerweide.
In der schwülen Hitze
Du durchnäßt im Kleide.

Aschenblau die Wolkenbogen
Bis ins Schwarz hinein der Turm.
Wind peitscht den Fluß in Wogen.
Er durchkreuzt den Abendsturm.

Bambus hinabgebeugt zur Erde.
Du rufst nach mir ins Gestade.
Schnaufen, wie von einer Büffelherde
Ist`s, was ich vernehm` gerade.

Donnerschlag und Blitze
Über der Trauerweide.
Meine Opfer sind deine Besitze.
Für immer, rufst du in die Heide.

SEE

Still ruht der See.
Stürme toben anderswo.
Im Herzen tut`s mir weh.
Darüber bin ich so froh.

Mir fehlt keine laue Brise.
Mir fehlt kein Wimpernaufschlag.
Abwarten heißt die Devise,
Ob sie mich am Ende mag?

Auch wenn du lebst in Freiheit
Kannst du gefangen sein.
Denn du bist ihr stets geweiht
Der Wunde selbst-der Liebespein.

Still ruht der See.
Stürme toben anderswo.
Du im Negligeé
Im Nachtexpress nach Hengelo.

MASKE

Dein Lächeln, das keines war,
Trotzdem wurde es geboren.
Das Eine ist doch allen klar:
Es war zu Eis gefroren.

War es denn Maske nur
Einstudiert, wie Säbelfechten?
Eine schalkhafte Prozedur
Musik ins Spiel einzuflechten.

Eigentlich war es mehr der Schmerz,
Denn die Freud`, die hier zu Tage trat.
Ein Blick-so tief ins Herz,
In den offnen Trampelpfad.

Dein Lächeln, das keines war,
Trotzdem wurde es geboren!
Es öffnete mein Herz so bizarr
Und krepierte in den Rohren.

MAUERBLÜMCHEN

O, du Mauerblümchen mein
Unentdeckt am Wegesrand.
Vergessen all` die Liebespein.
Ich streck` dir aus die Hand.

O, du Mauerblümchen mein
Gewandert bin ich unentwegt.
Laß mich nun dein Falter sein,
Der dich zur Freude regt.

O, du Mauerblümchen mein.
Mein Herz, das steht dir offen.
Dein Gesicht lächelte fein.
So fein-ich war betroffen.

O, du Mauerblümchen mein.
Nun sing` ich dir holde Lieder
Von den Sternen über`m Rhein.
Und halt dabei dein bebend` Mieder.

GESUDEL

Du ließest mich im Regen
Stehen, wie einen Pudel.
Nichts konnte dich bewegen.
Auch kein Apfelstrudel.

In meinen Augen dein Blick,
Wie mit einem Messgerät.
Ich weiß, du fandest dich schick.
Denn eine Gräfin dich berät.

Du sagtest was von Sahneschnitte
Und riebst dir dabei den Bauch.
Auf und ab und in der Mitte.
Sahneschnitte zum Lustgebrauch.

Du ließest mich im Regen
Stehen, wie einen Pudel.
Ich kam dir ungelegen.
Ich und mein Gesudel.

FRAGEZEICHEN

Bin lieber ein Fragezeichen,
Denn ein Punkt mit Strich.
Auch wenn alle von mir weichen.
Am End` erreiche ich dich.

Bin lieber ein schwarzes Schaf,
Denn eines ohne Couleur.
Hier steh` ich, da der Pfalzgraf.
Das ist das malheur.

Bin lieber ein rotes Tuch,
Denn eine graue Maus.
Ein Irrtum, ein Versuch
Mit Lawinengebraus`.

Bin lieber ein Fragezeichen,
Denn ein Punkt mit Strich.
So, wie sich die Leut` gleichen,
Verwirren sie am End` nur sich.

YUM UND YAM

Tief soll uns die Liebe
In Ekstase reiten.
Es ist ein Mordsgeschiebe
Bis die Nachen vorangleiten.

Von hier bis ans Gestade.
Von hier bis zum Komet.
Ein Biß in ihre Wade.
Autsch, sie mich anfleht.

Auch schon Buddha wußte:
Von der Liebe zu der Frau
Bricht ab die alte Kruste
Deiner Selbst-das Ankertau.

Hinauszutreiben in die Wogen,
In die Schäume der Gedanken,
Unter gleißend` Regenbogen
In Richtung Liebe zu wanken.

IN MADAGASKAR

Es war einmal ein Chamäleon,
Das stieg durch den Morast.
Es hatte einige Mühe schon,
Doch dabei gar keine Hast.

Da traf es auf eine Bourbon-Vanille,
Die roch so wunderbar zart.
So sprach`s: Es ist mein Wille,
Daß du wirst mein Lebenspart`.

Schon küsste es den süßen Sproß,
Was die Bourbon kitzelte.
Das Chamäleon genoß.
Als die Bourbon witzelte.

Was willst du sein mein Gemahl,
Wenn du hast gelbe Zähne?
Wenn ich so dufte, doch du bist schal?
Was soll`s, daß ich`s erwähne.

FRATZEN

Die Gedanken-Blase prall.
Im kompromisslosen Orbit.
Im Orbit der Urknall.
Du sprichst von Fortschritt.

Einen Stich in den Liebesschaum
Läßt die Illusion zerplatzen.
Die Wut verhallt im Weltenraum.
Zur Trauer die Leut` schmatzen.

Schäume auf den Wellen tanzen.
Schäume in der Denkfabrik.
Schäume in den Schülerranzen.
Schäume werden zu Aspik.

Einen Stich in den Liebesschaum
Läßt die Illusion zerplatzen.
Vom Idyll-dem Lebenstraum.
Was übrig bleibt, sind Fratzen.

FLINK

Spröde ist`s an manchen Tagen
Und auch recht erst in der Nacht.
Bedauernswerte Lebenslagen,
Die zermürben, bis es kracht.

Da hilft oft ein kleiner Wink
Aus der eignen Tyrannei.
Ein Kniepen. Flink ganz flink
Holt dich aus dem Einerlei.

Eine Milde, eine Herzensgüte.
Ein verständnisvoller Blick.
Eine große Wundertüte
Verbannt das Ungeschick.

Spröde ist`s an manchen Tagen
Und auch recht erst in der Nacht,
Wenn wir nicht den Anfang wagen,
Kommt der Tod ganz unbedacht.

RISIKO

Auf jede erdenkbare Eventualität
Gut vorbereitet zu sein.
Das ist eben die Spezialität
Der Leute in ihrem Verein.
Doch dabei ein mancher vergißt:
Ein Risiko selbst das Leben ist.

GRUSELSCHAU

Deine unsagbare Kälte
So kalt sie in mich fließt.
Was ist dagegen Schelte,
Die mich ja noch ersprießt.

An meinem Herzen aufgebrochen
Risse frostig-blau.
Eisblau kam ich gekrochen
Hin zum Zentrum dieser Frau.

Frost und dann Gedanken:
Wozu diese Tyrannei?
Wann öffnen sich die Schranken?
Wann sagst du: Verzeih.

An meinem Herzen aufgebrochen
Risse frostig-blau.
Stunden, Tage, Wochen
Immer in der Gruselschau.

GESCHEITERT

Immer und immer wieder
Hab` ich an deine Tür gepocht.
Es war Frühling-roch nach Flieder.
Du die Flamme-ich der Docht.

Heute im Novembersturm
Umgibt mich nur noch Frost.
Mein Herz zerfressen vom Wurm.
Mein Herz, das war dir Kost.

Meine Liebe brannte herunter,
Wie sie es so tun die Kerzen.
Nun bin ich froh, ja munter,
Denn mein sind die Schmerzen.

Immer und immer wieder
Und am Ende doch erheitert.
Ach, es gibt so viele Lieder:
Holde mein, ich bin gescheitert.

RUINIERT

Der Mann, der ist doch ruiniert
Von seinen Eskapaden.
Seine Liebschaft nun flankiert
Vom Haus zum Metzgerladen.

Er liebte das Spielchen machen
Und hat sich selbst verbrannt.
Das ist wirklich nicht zum Lachen,
Denn sein Schmerz nahm überhand.

Er scheute nicht das Risiko
Und hat alles auf Rot gesetzt.
Diesmal war`s ein Griff ins Klo.
Ein Sturz ins Leere-unvernetzt.

SEHNSUCHT

Eine Nacht, ein Tal.
Eine Brücke über`m Fluß.
Sterne reich an Zahl.
Darum ich weinen muß.

Ich weinte nicht aus Trauer.
Mir Freudentränen flossen.
Durchbrochen war die Mauer.
Und erste Wurzeln sprossen.

Eine Nacht, ein Berg.
Weiß im Glanz der Mond.
Ein rotes Feuerwerk
Mein Warten still belohnt.

Wenn tausend Sterne wandern,
Dann wander` ich mit dir.
Du suchtest nach dem Ander`n.
Warum kommst du nicht mit mir?

TILA III

Das schwere Herbstwehen
In der Platanenallee.
Läßt uns strikt einsehen,
Daß bald regiert die Winterfee.

Über den Ästen Wolkenfetzen
Schwirren lautlos dahin
Auf der Straße die Autos hetzen.
Der Schal juckt mir am Kinn.

Draußen-eine neue Zeit
Mit neuen Dimensionen.
Es entstanden längst unweit
Neue Konfusionen.

Tanzen wollte Tila
Noch zum letzten Lied.
Ihr Kleidchen, das war lila.
Es mich zu ihr zieht.

HERBST

Koste nur aus das Schweigen.
Das leise Atmen im Wald.
Die Blüten sich zu Boden neigen.
Herstwind weht schon ziemlich kalt.

Es ist ein stilles Sterben.
Und dennoch ist Leben im Gras.
Plakate in den Straßen werben
Für jedes und jede Menge Spaß.

Rheindampfer fahren geschmückt
Mit roten Lichtergirlanden.
Mich der Abend beglückt
An dem wir uns fanden.

Koste nur aus das Schweigen.
Das leise Atmen im Wald.
Die Blätter ihre Farben zeigen
Und verlieren allmählich den Halt.

AUSGEDORRT

Untergegangen sind schon Pharaonenreiche.
Untergehen, das macht wohl auch dieses Land.
Gestellt ist längst für die letzte Fahrt die Weiche,
Denn die Frauen bleiben unbemannt.

Oder: Sie sich zum Schein vermählen.
Und dann den Mann verreißen.
Sie lieber ihre Männer quälen,
Um nicht schwach zu heißen.

Demut ist für sie tabu.
Fordern heißt ihre Devise.
Doch dabei der größte Clou:
Selbst zu bieten, haben sie nur Miese.

Im Soll steht ihre Gedankenwelt.
Ausgedorrt im Bausch und Bogen.
Faules Gebälk nur zusammenhält
Bis es zerschlagen ist von den Wogen.

DOMINO

Tags sind wir Maschinen.
Nachts sind wir das Leben.
Böses Spiel, gute Mienen
Uns die Schusterjungen weben.

Der Zug nach nirgendwo.
Der Zug in deine Gruft.
In mir kippt der Domino.
In Ekstase rufst Du: Schuft.

Im Tempel der Liebe.
Im Tempel der Lüste.
Ein Knacken im Getriebe.
Ein Spannen deiner Brüste.

Tags sind wir Maschinen.
Nachts sind wir das Leben.
In verschlossenen Vitrinen
Deine Schätze sich nichts geben.

FENSTER

Gedanken entflohen.
Ich konnt` sie nicht halten.
Gewitterwolken drohen
Den Herbsttag zu spalten.

Vor meinem Fenster die Spinne
Ihre Fäden zieht.
Ihr Fleiß in meinem Sinne
In meinem Jagdgebiet.

Vor meinem Fenster die Rolläden
Trennen mich vom Dunkel der Nacht.
Was bleibt, sind Spinnfäden.
Aus Fäden ein Netz gemacht.

Gedanken entflohen.
Ich konnt` sie nicht halten.
Gedanken verrohen
In auswegslosen Spalten.

NOVEMBERMORGEN

Es graut um sich:
Novembermorgen
Die Nacht entwich
Im Traum verborgen.

Es tröpfelt leise
Auf`s Dachgebälk.
Und auf diese Weise
Wird die Stund` welk.

November-eine stille Zeit.
Ein Zeit der Fabelwesen.
Im Nebel geht die junge Maid.
So steht es nachzulesen.

Es graut um sich:
Novembermorgen
Die Frau entwich
Und auch die Sorgen.

FUNKENSPRÜHEN

Bin ziellos umhergeirrt
Bis zum einsamen Verglühen.
Was uns verwirrt,
Verwirrt ohne Bemühen.

Einfach so im Sumpf ich steck`.
Ohne Sinn, ohne Grund.
Was ist genau der Zweck,
Daß ich mich fühl` wund?

Was ist der Zweck der Reise?
Der Reise des Kometen
Um mich auf eine Weise
Die Leute Finger kneten.

Bin ziellos umhergeirrt
Bis zum einsamen Verglühen.
Was kommt da angeschwirrt
Mit hellem Funkensprühen?

OHNE ZWECK

Nun bist du verschwunden.
Nun bist du weg.
In mir hat sich gewunden
Über Nacht der Schreck.

Ich konnte nicht halten: Dich.
Du wolltest weiterzieh`n.
Selbst die Erinnerung entwich.
Selbst Sommergänse flieh`n.

Kein Diamant die Kraft hat.
Was führte dich nur zu mir?
Die Assel vor meiner Tür: platt.
Ist sie das letzte Souvenir?

Nun bist du verschwunden.
Nun bist du weg.
Ich dachte, ich hätte gefunden.
Doch es war ohne Zweck.

KOPFÜBER

Die Liebe mir mißlingt.
Mißraten meine Versuche.
Mein Stern am Horizont versinkt.
Öde erstattet mir Besuche.

Öd und spröd und kalt und leer
Sind meine Tage, meine Nächte.
Was ist mir bleibt, ist Bahnverkehr
Durch dunkle, graue Schächte.

Im Frühling die Nachtigallen
Erinnern mich an die Zeit.
Kopfüber in Liebe verfallen.
Verfallen dieser schönen Maid.

Die Liebe mir mißlingt.
Mißraten meine Versuche.
Das, was mich umringt,
Schlägt nirgendwo zu Buche.

TROCK`NER MUND

Du wolltest meinen Nektar stehlen.
Den Kelch leeren bis auf den Grund.
Ich sollte dir alles erzählen.
Sollte winseln, wie ein Hund.

Winseln um deine Gaben.
Winseln um deine Gunst.
Du wolltest mich laben.
Deine Liebe, das war Kunst.

Doch du hast meine Blüten abgerissen.
Mich meiner Liebe beraubt.
Auf dem Schlachtfeld Fahne hissen.
Auf dem Schlachtfeld ist alles erlaubt.

Du wolltest meinen Nektar stehlen.
Den Kelch leeren bis auf den Grund.
Wenn heute irgendwo Knospen fehlen,
Dann zittert dir trocken der Mund.

NOVEMBERABEND

Die Uhr um diese Zeit
Müde sie schon tickt.
Über`m Stuhl-dein Kleid.
Du hast mich angeblickt.

An dich einen lieben Brief.
So fern-so unbekannt.
Doch in meinem Herzen tief
Ich deine Spuren fand.

Wohin führte deine Flucht?
Ich höre deinen Hackenschuh
Hinauf die lange Straßenschlucht
Klappern in der Abendruh`.

Die Uhr um diese Zeit
Müde sie schon tickt.
Wozu sind wir bereit,
Wenn Liebe nach uns schickt.

GÄNSEHAUT

Was setzt du auf`s Spiel,
Wenn du begehrst?
Was ist dein Ziel,
Wenn du verehrst?

Ist es das klopfende Herz,
Das frisch Verlieben?
Der ewige Schmerz
Von Gier umtrieben.

Oder willst du spielen?
Das Begehren-lassen,
Bewunderung erzielen
Von trüben Tassen.

Was ist los in deinem Leben?
Spürst du Gänsehaut?
Kannst du Liebe geben,
Die alles, alles umhaut.

APPERÇU

Du und dein Zauberwald.
Laß mich darin spazieren.
Zwischen den Farnen ein Spalt
Löst mich von den Manieren.

Du und dein Mondtau,
Der glänzt durch die Äste.
Im Rausch, du Mädchenfrau
Ringst mir ab das Beste.

Du und deine Sternenglut
Mit all` den Möglichkeiten.
Im Düst`ren verschwommen ruht,
Durch Sternenglut wir schreiten.

Du und dein polares Eis,
Das immerfort gefriert.
Im Traum es knistert leis`.
Im Traum es explodiert.

STOFFEL

Du ließest mich fallen,
Wie eine heiße Kartoffel.
Gut war ich zu allen.
Ja, ich war der Stoffel.

Fand mich wieder in der Gosse,
In der Suppe, im Morast.
Zerbrochen die Leitersprosse.
Das Leiden war zu Gast.

Heute schau` ich in die Ferne.
Heut` klopft mein Herz erneut.
Der Stoffel war ich gerne.
Nichts hab` ich bereut.

Kinder spielen blinde Kuh
Und fallen in den Graben.
Ich hörte deinen Hackenschuh.
Bist du noch zu haben?

LILJOS BLANCOS

Weiße Lilien ich dir schenke.
Weiße Lilien für dich blüh`n.
Ich deiner Tugend eingedenke.
Dein Frohsinn soll hell glüh`n.

Um die Plaza ich heut` lief,
Als sie mich entdeckte.
Çe hombre, sie nach mir rief.
Sie meine Neugier weckte.

Sie lachte und sang.
Ihre Arme mir hinstreckte.
Gar lieblich der Klang.
Lieblich sie mich neckte.

Weiße Lilien ich dir schenke.
Weiße Lilien für dich blüh`n.
Ich mir den Hals verrenke.
Nach dir strebt mein Bemüh`n.

HEUTE

Schenk mir deinen Erdbeermund.
Verrat mir all` deine Gelüste.
Für mich deinen Muschelgrund.
Für mich die vollen Brüste.

Heute weht ein heißer Wind.
Heute toben Mörderwellen.
Laß mich zu dir geschwind.
An deine Nervenzellen.

Rosig-zart deine Wangen.
Burgunderrot die Lippen.
An deine Frucht gelangen,
An deinem Tau zu nippen.

Schenk mir deinen Erbeermund.
Verrat mir all` deine Gelüste.
Heute läuft die Erd` noch rund.
Vom Watzmann bis zur Küste.

SCHOKOLADE

Meine Güte, Luise
Willst du mein Leid nicht erblicken?
Ich steck` hier in der Krise
Und du machst Zicken.

Abendrot setzt mich in Brand.
Es glüht hinüber in die Nacht.
Wann reichst du mir die Hand
Hinaus in den dunk`len Schacht?

Tümmler in weißer Welle.
Tümmler in tiefblauer See.
Ob langsam oder auf die Schnelle,
Luise nimm mir mein Weh.

Meine Güte, Luise,
Willst du mein Leid nicht erblicken?
Du liegst auf der Wiese
Und läßt dir Schokolade schicken.

LALLEN

Du schaffst neue Konturen
In meiner Gruft.
Verschiebst Figuren,
Versandest die Kluft.

An deinen Barrikaden
Baue ich ein Nest.
Zwischen deine Tiraden
Setz ich mich fest.

Du schaffst neue Konturen
In meinem Verfallen.
Neue Liebesspuren
Lassen mich nur lallen.

PANTHER
(für Rainer Maria Rilke)

Geschmeidig, ja bis in den Kern
Und immer auf dem Sprung
Nach dem müdem Lamm.
Auch hier im Käfig scheint sein Stern.
Für ihn, der ist noch jung
Und bissig, bricht der Damm.

Hinaus, hinaus, hinaus
In den Schmelz der Welt
Soll ihn die Reise führen.
Ihn bremst kein Graus,
Der sich im Außen hält.
Er wird das Feuer spüren.

In seiner Stille brennt ein Bild
Sich tief ins Mark hinein
Und so rüttelt er wild
Den Schmerz, der ist sein.
Schau nur, die Gitter weichen.

LIEBESLATEIN II

Du findest mich lieblich.
Du findest mich schick.
Das ist an und für sich
Schon der ganze Trick.

INSELSOMMER

Wenn Pferde kotzen
Und Unken rufen,
Lass sie nur protzen,
Denn sie nichts schufen.

Mir scheint der Trubel
Um Liebessuche
Um rollenden Rubel
Schlägt bei dir nicht zu Buche.

Nirgends und überall
Vereinen Lust und Leid
Sich zum Spielball
Der Unerheblichkeit.

Nirgends und überall
Leidenschaften regieren.
Hier ein Kniefall.
Da ein Jubilieren.

BALD

Ein Garten, eine Mauer
Dahinter Urwald.
Im Leben nur die Trauer.
Im Leben fehlt Halt.

Was soll das Bemühen
Um die Struktur,
Wenn Sterne verglühen
Im Orbit purpur.

Was soll das Ringen
Um die passende Form,
Wenn die Reize abklingen
Von jedweder Norm.

Ein Garten, eine Mauer
Dahinter Urwald.
Das Wilde auf der Lauer.
Das Wilde kommt bald.

RICHTIG

Nun gut. Wir sind dem Tod geweiht.
Das läßt sich nicht vermeiden.
Tage aneinander gereiht.
Tage voll von Leiden.

Was können wir wissen, was nicht?
Was irritiert, belebt den Geist.
Was marode ist, zerbricht.
Was wir begehren, quält zumeist.

Hier lassen wir Vorsicht walten,
Ergehen uns in Träumereien.
Dort überkommt uns Nachsicht,
Wenn wir das Glück in Händen halten,
Werden wir toll vor Narreteien,
Bis uns die Zeit belehrt: So nicht.

Nun gut. Wir sind dem Tod geweiht.
Das läßt sich nicht vermeiden.
Das Leben uns nur Sekunden leiht,
Um uns zu entscheiden.

GALANT

Für Verlorenes gibt`s Finder.
Für Unfassbares Theorien.
Für Herren die Zylinder.
Für Damen Galanterien.

ZUVIELE

Du kämpfst verbissen
Um deine Lebensziele,
Hälst dich für beflissen,
Kennst die Pokerspiele.

Fest steht dein Plan.
Der Weg ist gerade.
Doch du erliegst dem Wahn.
Das finde ich zu schade.

Du denkst, du kannst regieren.
Alle, die dich je gesehen.
Du willst kontrollieren.
Dein Wille über das Geschehen.

Du kämpfst verbissen
Um deine Lebensziele.
Du sollst nur wissen:
Es kämpfen viel zuviele.

SCHWEIGEN

Steh` nicht in der Frauen Gunst.
Noch im Männer Ansehen.
Um mich herum ist Dunst,
Doch auch das wird vergehen.

Nein, für mich kein Bedauern.
Für mich keine Gnade.
Höchstens ein Erschauern.
Alles andere fänd` ich schade.

Sicher, die Saat braucht den Acker,
Wie der Boden das Korn.
Doch bin ich Säer recht wacker
Und schreite immer nach vorn.

Steh` nicht in der Frauen Gunst,
Noch im Männer Ansehen.
Was mich teibt, ist die Kunst:
Schweigen, um zu verstehen.

UMTRIEBEN

Was sind wir umtrieben
Auf der Suche nach Glück.
Was wir wirklich lieben,
Verloren Stück für Stück.

So reite ich vom Acker.
Frei und ungestüm,
Schlage mich recht wacker
Mit dir, du Ungetüm.

Hinaus reite ich in die Winde,
Folge keinen Spuren.
Deinen Spuren Sieglinde
Und der anderer Figuren.

Was sind wir umtrieben
Auf der Suche nach Halt.
Es wird auch so umschrieben:
Hier der Fels, da der Spalt.

IRRLICHTER

Mein Leben gleitet fort
In immer neue Gewässer.
Ich bewege mich von Ort zu Ort
Und kenn` die Welt schon besser.

Hier die Fäulnis, da der Tod.
Bis zum Hals steck` ich im Sumpf.
Wo steckt nur das Rettungsboot?
Das rettende Seil am Rumpf.

Wohin führt mich die Reise?
Flackern auch dort die Irrlichter?
Neu und alt auf eine Weise.
Im Rund, rund singen die Dichter.

Mein Leben gleitet fort
An immer neue Gestade.
Und an Bord
Kommt dort die Liebe gerade.

UFERLOS

Höst du, wie die Glocken läuten
Im Wind das düst`re Tal hinauf?
Im Wind sie uns zerstreuten.
Einem jeden seinen Lebenslauf.

Wollt` ich noch vom Acker reiten.
Wollt` ich noch hinaus in die Welt.
Doch schon längst die Leute streiten
Über das Ansehen, über Geld.

Im Herzen sie nicht teilen.
Im Kopf sie stehlen, morden.
Ihre Gier lässt sie zuweilen
Ins Uferlose überborden.

Hörst du, wie die Glocken läuten
Im Wind das düst`re Tal hinauf?
Die Kinder, die sich gestern freuten,
Zahlen heute bitter drauf.

PIRATENLIED

Calico Jack, Anne Bonny und Mary Read
Würfelten um den Henker.
Die Männer kannten das Lied
Vom großen Flottillenversenker.

OHNE TITEL

Ist es Langeweile,
Die dich quält,
Wenn Amor Pfeile
Schießt und verfehlt.

Ist es Mut,
Der dich beschützt,
Wenn Liebesglut
War unbenützt.

Ist es dein Versagen,
Wenn sie dich verhöhnt?
Hast du viele Fragen?
Etwas, das dich verwöhnt?

Ist es Langeweile,
Die dich quält.
Lass die Eile.
Die Ruhe nur, die zählt.

SONNENTAGE

Am Weiher Seerosen
Von Bergwasser getragen,
Die vom Quell her tosen
Unter tausend Fragen.

Ich will es machen;
Dein schönes Gefühl.
Dein volles Lachen.
Dein Gedankengewühl.

Du machst mich perplex
Mit deinen heftigen Blicken,
Die im Lichtreflex
In meinen Sinnen klicken.

Am Weiher Seerosen
Von Bergwasser getragen.
So, wie wir liebkosen
An milden Sonnentagen.

LIEBESDINGE

Gewundene Pfade schlingen
Sich den Berg hinauf.
Sirenen auf dem Felsen singen
Von der Liebe Lauf.

Ich gehe stumm im Regen.
Ich gehe stumm im Wald.
Meine Sorgen werden sich legen.
Meine Sonne, die kommt bald.

Gewundene Pfade schlingen
Sich den Berg herunter.
Das mit den Liebesdingen;
Mal trüb, mal munter.

ALLES KAPUTT

Und wie ich da sitze
Und weiß nicht warum.
Ich dabei schwitze,
Schwitze mich krumm.

Die Käferlein lieben
Sich im Sonnenschein.
Meine Sinne umtrieben,
Wie der Kerzenschein.

Überall ist Leben.
Überall ist Not.
Du, nur du kannst geben.
Du, nur du mein Abendrot.

Und wie ich da sitze
Und weiß nicht warum.
Nur das zum Witze:
Witze, die sind dumm.

STAU

Ich fühlte mich leer.
Ich fühlte mich flau.
Es kam so daher,
Wie ein Autobahnstau.

Fremd war mir die Welt.
Fremd war mir das Leben.
Alles irgendwie entstellt.
Eine Maskerade eben.

Ich lief hinaus in den Regen.
Ich lief hinaus in die Stadt.
Doch nichts konnte mich bewegen.
Liebe fand ohne mich statt.

OHNE WORTE

Vieles wurde nicht gesagt
In diesen Sommertagen.
Ich hab`Dich noch gefragt,
Doch es blieb bei Fragen.

Mich wundert es nicht mehr,
Wenn die Leute einfach schweigen.
Das mit dem Liebesverkehr
Ist kein Spiel, kein Ringelreigen.

Viele Wunden bleiben offen
Bis die Zeit sie mühsam schließt.
Die Einen bangen, die Anderen hoffen,
Daß das Glück in Strömen fließt.

TILA IV

Zwischen Dattelpalmen Ringeltauben
In der Ferne ein Vulkan.
Tila hält mir hin die Trauben
Das hat so noch keine getan.

Im Schatten der Veranda
Glüht Tila auf zur vollen Blüte.
Eine Knospe ist schon da.
Sie hat Maß, hat Herzensgüte.

Mich zwickt ihr Kakadoo
Wütend an den Ohren.
Ich mach` die Augen zu.
Und weiß: Ich bin verloren.

Ein Mann ruft: Afrika
Und zeigt wild ans Gestade
Und so vergesse ich beinah
Im Mund die Schokolade.

Inhaltsverzeichnis